COMO EL MUSGO EN LA TARDE

MANUEL ALBERTO GARCÍA ALONSO

Trinidad, Cuba, 1964

Ha publicado los poemarios: *Evocaciones y erotemas*, Editorial Luminaria, Sancti Spíritus, 1992; *Filiales del alma*, Ediciones AR-Tex, Trinidad, 1999; *Nulla rosa est*, Editorial Luminaria, Sancti Spíritus, 2000; *Donde aniden mis mareas*, Ediciones Vitral, Pinar del Río, 2006; *Cuban Heart*, Blackberry Editions, Maine, USA, 2006; y la obra de teatro *Monólogo por un mechón de pelos*, Suplemento Cultural *Vitrales*, Sancti Spíritus, 1992.

Aparece además en las antologías poéticas: *Poesía espirituana*, Editorial Luminaria, Sancti Spíritus, 1994; *Un canto de mis ojos nace*, Editorial Luminaria, Sancti Spíritus, 2007; y *Trinidad de Cuba. Ciudad que me habita*, Ediciones Luminaria, 2014.

COMO EL MUSGO EN LA TARDE

Manuel Alberto García Alonso

Sobre la presente edición:

Edición: Alberto Sicilia
Perfil editorial y diseño: Leonardo Orozco
En la cubierta: *Abanicando el aire*, de Alicia de la Campa

ISBN: 978-1-7339820-0-9

Ediciones SurcoSur
216 W Hamiller Ave.
Tampa, FL, 33612
surcosurediciones@gmail.com

Para Inger Magerøy,
por entender el valor de la libertad y amarme;
porque ella es la lluvia y la mar que habitan
mi más tierna añoranza.

Para mis hijos Christian Alberto y Marisol.

Prólogo

Manuel Alberto García es un poeta del amor. Noruega es su segunda patria y Cuba, compartida con su familia, la primera. Tiene varios libros publicados, pero el musgo y la lluvia, —nunca el frío noruego— quisieron disfrazarse de olvido y mantenerlo alejado de la escritura. Años de exilio y lejanía propiciaron la madurez y el despliegue de esas palabras formadas por el tiempo y la humedad, como el propio musgo; así nació este libro indispensable. Leer sus poemas me hizo regresar a nuestros años juveniles y, sobre todo, releer obras compartidas. En 1983, la editorial Letras Cubanas publicaba una antología de la poesía de amor; Luis Rogelio Nogueras hace una selección de 89 poetas cubanos y en un pequeño introito, llama la atención sobre las características del volumen, advirtiendo que «todos los poetas cubanos de significación cuentan, entre sus cinco o seis poemas más felices, alguno dedicado a los asuntos del corazón, acaso porque en nuestra isla, amar es un acto perfectamente natural como tomar el sol». Nogueras destina la compilación especialmente a los lectores que tenían menos de 20 años en aquel momento y puedo asegurar que Manuel Alberto pudo absorber la savia de la mejor poesía allí reunida, textos imprescindibles como «La muchacha», de Eliseo Diego; «El soneto imperfecto para la frente de Pepilla Vidaurreta», de Juan Marinello o «Elegía sin nom-

bre», de Emilio Ballagas, pasando por los versos de «Entre los lirios», de Enrique Loynaz; «Rosa tú, melancólica», de Nicolás Guillén, hasta llegar a nuestro Fayad Jamís y aquellos poemas que leíamos en las noches interminables de las jornadas poéticas espirituanas, en el centro de Cuba.

Como el musgo en la tarde, *se compone de dos partes, y consagra su unidad a cantar al amor por la vida, la naturaleza, al tiempo del disfrute o del dolor y en esencia, el amor a la mujer encontrada y recibida como un don. En la lectura participamos de la metamorfosis de las cosas comunes, todo se redimensiona en la mirada del poeta y es el musgo otro musgo, como son otros los tejados, el viento y las piedras; las calles, los árboles y la hierba; la luna, las montañas y el patio; los gorriones, las nubes y las puertas. Todos los elementos esenciales se transfiguran y manifiestan para recibir al amor, dando amor. Luego el musgo vuelve a ser epílogo de un tiempo pasado y el poeta alza la vista al mar, su añorado mar de Isla, al sur en Trinidad, hasta alcanzar los corales y más allá sigue su rumbo hacia un mejor amparo, hacia una muchacha de ojos azules, toda miel, transformada y transformante como una mariposa de los fiordos, hacia «una tierra de otras tierras que vuelve a ser su tierra». Allí, en las «Minas de Lluvia», una llovizna pertinaz se vuelve torrente manso y talla en mármol de Carrara el cuerpo del amor. Nuestro poeta nos devuelve la emoción que había sido minada por el desgaste de tanta soledad acompañada, nos devuelve las palabras perdidas para amar.* Como el musgo en la tarde *es un libro que deben leer los hombres y mujeres de hoy, por la fuerza intemporal con que reabre los poros al amor, convirtiéndose en un referente eficaz para sanar las heridas del mundo. Ahora, ¿podría haber algo mejor que el poeta, en su imperfección, emocionándonos?*

Me faltan muchas cosas.
No soy la maravilla,
sólo puedo ser el reto y el desnudo,
el tipo en espera por los muros de otras capitales.
No soy perfecto,
me asumo como hombre que ha tocado fondo,
y anda con las manos sobre el pecho...

Hay palabras sencillas que fulguran y son imponderables, cuando el poeta, rendido ante su amada, le ofrece el mayor de los tesoros, la libertad que han alcanzado:

Si soy un poeta celoso, es porque mi princesa
implantó sin piedad la revuelta de las voces:
la del ocaso, la del polvo florecido, la del vino,
la de los cómplices conventos que habitan la mar.
Sé que hago mal,
que la princesa es tanta noche de verano,
tanta corriente de río, tanto continente desnudo,
que no merezco ceñir con mi vista el volumen
del planeta,
que es decir el volumen de su cuerpo.

El poema se hace de una conexión intangible entre la naturaleza y la memoria de los hombres, habita en un pequeño espacio de intermitencia y deja luz para mejorar nuestros días en la tierra. La poesía de Manuel Alberto García se incluye, por derecho propio, entre esas iluminaciones del camino.

Alberto Sicilia Martínez
Tampa, abril 2019

COMO EL MUSGO EN LA TARDE

De tierra crece la montaña. De paciencia de tierra,
[...] de tierra crece la montaña..., siempre de tierra.

DULCE MARÍA LOYNAZ
Poemas sin nombre, 1953

Como una llama al viento

El musgo sube como una bendición
en la quietud lúcida de la tarde.
Muestra sus manos,
su predilección de número adicto al vino.

En la airosa razón del musgo
madura un preludio de cándidos silencios.

Musgo, barca de otra ribera;
estrella melancólica,
sendero en búsqueda de la lluvia,
cripta humilde, revuelta de las flores.

El musgo estrena altos resplandores
y un agua de umbrosos horizontes.
El musgo huye de la tarde y sus espasmos,
guarda el secreto de las ramas del parque;
ruega por la penumbra amarga de la sal.

El musgo se alza en la sombra
como una bendición en la tarde.

La esbeltez del tejado

En los tejados reina un signo amargo,
longitudes arcanas que dialogan con la altura,
un ignoto movimiento de curvas
en busca del silencio,
la brusca evanescencia de una distancia,
el sortilegio de un nombre inatrapable.

En los techos habita un corazón de olivo
y crepitan las manos generosas de la lluvia.
Cada cubierta tiene un profundo acechar
de animales levantando la sombra.
En ellas el amor ha perdido sus sentidos:
ignora el pausado olor de un romerillo,
mira el tacto de la carne.

En los techos cantan las raíces de la esgrima;
cuando se les antoja ceder el paso
a una lenta avalancha de agua
que brama derramando cauces,
vibraciones que descubren
cómo abatir el afán del mármol y la arena.

Los techos tienen una pasión memoriosa
por las bocanadas del trigo,
una masa que apenas danza en el ocaso.

Los tejados son cárceles de arcilla,
mentís del último arrabal del corazón.

El viento de la noche

El muro que delimita el espacio
es la concreción del silencio.
En su ruidoso hincarse bajo la tierra
hay un beso hortelano que promete.
Un muro almacena acequias y arquitrabes,
los acoge, inacabable como una raíz,
y los multiplica en el orden de los vicios citadinos.
Cada pared tiene su fauna desconchada,
su flora oliente a lujuria...
En cada una de ellas habita un frenesí vivaz
que escapa de la sequía y los almendros.
Un muro adquiere raigambre
cuando lo cubre el tiempo,
cuando está marcado por contornos y destierros,
cuando, agriamente,
resiste el pormenor de un aguacero.
Nace un muro,
y nace un anacronismo bullicioso
que crecerá hasta el corazón del barrio,
hasta los sortilegios de la argamasa
y la piedra vespertina,
como el sueño de esta ciudad callada
cuando dialoga con el viento de la noche.

Exhortación de las piedras

Cada piedra es llamada silenciosa.
Las piedras viven y cada una es dolmen,
apocalipsis renovado.
Las piedras son mejillas que disipan
el festejo de mis antepasados,
pulcra conmemoración que llama
al convite en las arenas magras de mi voz.
Existen piedras lisas como un verso
y piedras de mar ominoso.
En la danza caliginosa de las piedras
me conjuran los montículos carecientes del verde,
pródigos en el renovador juramento de los años.
Hay piedras del sur para adornar los espejos
y piedras del poniente en función
de paladear el otro yo,
quien acaso abjure de la piedra
que otros sembraron en mi corazón.
Las piedras escalan la providencia,
la literatura de sábados marinos y calles pálidas,
piedras para el sillón del poder
y el frontispicio retenido en medio de la muerte,
en las llanuras de la ira.
Las piedras viven el corro brutal de las provincias,

como ellas, tienen el aliento manchado de soborno
y huyen del mercadeo de las palabras huecas.
Las piedras: lisas, ásperas, laterales piedras,
tienen un aire a dictamen emanado de una ciénaga.
Hay piedras de laberinto memorioso,
de guerra exhausta.

Existen piedras para las trincheras del alma:
crepitaciones que el destierro
implantó en mi garganta.

Las calles

Las calles son un laberinto de mujer
que pretende ignorar las razones del trazado,
coqueteando en la longitud de las aceras
con la rectilínea reciedumbre del contén.
Las calles predican un devaneo cálido,
cuando en escorzo buscan el misterio de la luz
en la lontananza del agua.
Ellas, al escalar los peldaños del espacio,
agrupan una evasión que frustra los silencios.
Cada calle es una sentencia dictada en la alcaldía,
una pausada brizna de orden citadino,
meandro de distancia entrevisto en las esquinas.
Tienen un cuerpo rubio que acoge a las farolas,
las hace recordar su complejo de Edipo
cuando copulan con la noche,
derramando en ellas su semen lumínico.
Las calles se jactan de piernas esbeltas,
de senos redondos como rotonda de autovía
y presumen de escarceos con la muerte.
Desprecian los ciclistas
porque prefieren el susurro de los enamorados.

Las calles son esfinge y cándida nostalgia.

El árbol y la altivez de la madera

Para Anisley Miraz, árbol a la izquierda de mi pecho.
Y para Carlitín, a la derecha.

Un árbol es un sendero inaugurado en el aire,
eterno amasijo de ciclos en pugna
por imponer la brevedad de los anillos.
Sobre un árbol se derraman las simientes
de la fe confiada en la madera;
pero un árbol es más que madera,
más que añoranza por los nidos,
más que maraña de hojas compitiendo por la altura.
También el árbol es súplica altiva ante el hacha,
es bochorno por el mango del látigo
y la intercepción culpable de la cruz
en el Monte del Calvario.
La alegría del árbol se manifiesta
en las vetas gentiles de su cuerpo.
Cada árbol sabe del retorno sorprendido de la tierra,
sabe de su conversación con la luz y el tiempo,
del inteligente y circular hallazgo de la flor.
Los árboles perdieron el vínculo con la brisa
cuando en su tristeza de gigante derrotado
deshicieron sus contornos
con el clamor demente de la ira.

Homenaje a la hierba

Ni la vigilia firme del poder,
ni la sabiduría del tiempo,
ni la oscuridad emanada al levante de mi casa
saben de la exaltada realidad de la hierba.
Mi hierba (porque la hierba que me ronda
me obliga a poseerla),
mi hierba, repito, es un reloj que se detiene
a la hora de leer en las nubes
la aproximación de la lluvia.
No permite velorios en su plenitud,
cánticos funerarios a su merecimiento
ni calles lentas, corroídas por la soledad.
La hierba (tiránica sonata del pudor),
me ofrece sus mártires insomnes.
Fantasmal soberana del suelo,
horada despiadadamente las cenizas del viento
para honrar la victoria de su altura,
como un alarido proclamando su libertad esbelta.
La hierba acuna sus propios dioses,
su sortilegio de grieta que solloza,
su mística sensación de éxtasis
al saberse dueña de mis homenajes.

La luna y la puerta de los jazmines

Con Dulce María Loynaz.

Vamos a inmolarnos en nombre de la luna;
caminemos al limo contado en viejas historias,
sin que en nuestras piernas trascienda
un salto vigoroso.
La luna que yo canto no es la de la luz nocturna,
la del Ariosto o la batalla por los perales,
la de los senos erguidos
de una mujer emocionada por el frío
y sus pezones magros como un beso.
La luna que yo narro es un cuchillo
penetrando en los olores semidormidos
de la victoria precaria de la muerte.
En la luna de mis versos no han florecido los rosales,
pero florecerán en la otra primavera.
Canto a una luna tendida
sobre las piernas de una mujer otoñal,
pausada como un abrazo húmedo,
que se escondió
tras la puerta escurridiza de los jazmines.
Esta luna es de un metal de otro siglo,
de algún mar en que los hombres se rediman
al aparearse proscritamente con las golondrinas
y de su cópula nace una patria láctea,

renovadora en su inspiración cotidiana.
La luna posee un vientre curvo,
un pezón fugitivo con la sombra dividida.
La luna es un ardid para llegar al límite,
máscara que juega al signo,
lento vello en las piernas de esa mujer a la que canto.

Nominación de las montañas

A Pedro Juan Medina Domínguez.

Las montañas son un jardín
con vocación de *rubio precipicio,*
que nació del sexo desmedido
entre un risco y una hondonada.
Las llanuras sienten una envidia procelosa
de las montañas altaneras, que las dejan allá abajo,
donde el sol es presa
de la voluntad cándida de las aves.
También hay montañas frustradas que se disfrazan
bajo nombres como sierra, colina y hasta cordillera.
El momento menos íntimo para una montaña
es cuando se sabe montículo de humareda,
pote donde se derraman playas obscenas,
altar en quien se asienta
el viejo cementerio de los siglos.
Una montaña ostenta sus ruidos insomnes,
su aniversario de nupcias con las nubes;
ostenta la alianza con el polvo,
con la aturdida estación en que el frío
se une a las margaritas.
Las montañas son tan bohemias
como un dios olvidadizo.
Alzan sus galerías subterráneas,
usadas por las putas vitales del escombro

para imaginar el estreno de una falda
ante los ciervos en exilio.
Las montañas, caprichosas y violentas,
abren sus corolas de piedra, sus arterias metálicas
a la ignorancia grave de los hombres.

Los almendros del patio

La noche disipa lentamente sus ramificaciones.
En la parte más densa de la noche
destellan las traiciones,
mientras una mujer clara como una metáfora
sueña con las flores creciendo alrededor del aljibe.
Las mujeres y la noche tienen
una complicidad de puerta reprimida,
de parábola que nace apoyándose
en la fragancia de las rocas.
Nadie en la noche descree de la oscuridad,
de los almendros del patio...
Nadie salta las gnósticas rutinas de la noche,
o escancia los púrpuras de las heredades...
La muerte y la noche son aliadas:
ellas escalan la herrumbre, las disculpas,
las publicaciones de una editorial provinciana,
las mentiras de la muchedumbre en sombras.
La noche ha perdido los talismanes,
la idolatría, las piedras corrientes corazón abajo,
las cosas comunes
con que las arduas voces de las poetisas
ensalman la lealtad de la memoria.

Gorriones

Con José Julián Martí Pérez.

Los parques, en su duermevela bajo los astros
son como una muchacha
que come las perlas de su blusa.
Ellos imponen su marea verde
como quien teme besar en la medianoche;
imponen sus derroteros ilusorios,
la urdimbre de las hojas y las ramas,
el jaleo de los gorriones musitando sus tareas.
Los parques son la pesadilla de las geometrías,
un universo donde cohabitan el césped,
la fuente tierna como la ronda de los lirios,
y el nacimiento de la neblina.
Los parques se avergüenzan de los relojes de arena
porque ambicionan los *endecasílabos hirsutos*
con que la vida adorna sus senderos.
Hoscos como una pesadilla veraniega,
reniegan de la sal que los deja sin afecto,
buscando refugio
en los meandros umbríos del pavimento.
En los parques la energía proviene
del paseo alrededor de la glorieta
y la pérgola cubierta por el fausto.
Cada parque se compromete con la sombra,

con los ancianos que cuelgan de él en las mañanas,
—cuando el sol es más rocío que amapola—,
con los niños descontentos con sus padres
porque ya no hay dinero para golosinas.
Cada parque atesora sus trinos y lenguajes,
la estrecha brevedad de los sentidos.
En los parques, la lluvia ha forjado,
a golpe de musgo,
la blancura diminuta de las novias que esperan.

Contorno de una lejanía

Las nubes, torrenteras cautelosas,
ignoran el hálito de las épocas.
En el holocausto que la incandescencia del agua
provoca en las alturas,
son tan dulcemente alusivas
que cada una asume su desesperación,
el desvelo de sus nombres.
Ellas abrazan los contornos de una lejanía inútil,
abrazan los árboles idílicos, la caricia de los hongos,
abrazan el nido que hace escalar su mensaje
de flor gratuita que profetiza las rondas del cielo,
abrazan los oficios allende los idiomas
y la paz peligrosa y conminante del vidrio.
Las nubes muestran el orgullo de los ángeles
cuando, frágiles dictadores, eluden la brisa
en las alucinaciones y el insomnio.
Las nubes son perecederas
como un bautizo sin agua,
como alguien azul de música
y muerte sin argumentos.
En las praderas del estruendo
cada nube es una mancha que galopa por el cielo.

Como una blasfemia

Como las madrugadas,
así son las puertas victoriosas de mi casa;
lentas como un crepúsculo
esperando a otro crepúsculo,
puertas de madera, de metal, cristálicas puertas
dividiendo los afanes verticales de los feudos.
Nunca regalamos las fronteras del abrazo
o las manos que se entierran en las venas;
nosotros, cuervos de la brisa,
referimos el salto a un trozo de centeno;
nosotros, los del picotazo
hirsuto como una blasfemia,
cerramos las puertas a la carne sinuosa del fuego.
Las puertas son un bronce voraz
alimentando el puño,
en lo que yo deliro ante el rocío acechante,
ante las nieves que habitan mi cabeza.

EPÍLOGO INTRASCENDENTE, COMO EL MUSGO; Y COTIDIANO, COMO EL AMOR

Como el musgo en la tarde

Solo como el musgo en la tarde;
extenuado por el sol,
marchito en su angustia por la ligereza de la luz
al caer bajo la lluvia.

El musgo es la fuerza más democrática del día,
la caricia del agua que fluye de la fuente.

Solo como el musgo en la tarde,
en la corriente tierna que mana del brocal.

El rumbo de los corales

He ido acumulando los versos del agua,
alargándose despacio en las reliquias
del clima que te alude, mejor amparo mío,
carnaval de las aves, lluvia pasada
por los truenos de la añoranza.
Con la mesura inquieta del que ama,
yo inauguro la piedra cuadrangular de las esquinas,
el vuelo de una avispa que anuncia sus furores,
la vocación de oler tus corvas de gacela.
Mejor amparo mío,
muchacha con perfume maderable,
mejor árbol de mi huerta,
mejor herida de mis campiñas,
encina adornada por el muérdago florido,
pino iracundo por la devastación del fuego,
jovencita que en la pradera
busca la desolación de las ovejas.
Mejor amparo mío,
tierra de otras tierras que vuelve a ser mi tierra,
alianza con el pasto y las cenizas,
sigilosa marea de la fiebre nocturna,
tapiz que ronda la inocencia de los almendros,

abstinencia del abril y estela de la luna.
Mejor amparo mío,
tomillo, hierbabuena, miel del agua.

MINAS DE LLUVIA

Que el camino pueda encontrarse contigo,
que el viento esté siempre a tus espaldas,
que el sol brille tibiamente sobre tu rostro,
que la lluvia te refresque en tu sendero,
que la luz de la fe vaya contigo en todas tus jornadas;
ahora y siempre.
Bendición celta

PREÁMBULO DEL TIEMPO

Burbujas

La lluvia, mano desnuda,
ha desgajado las soledades, las menudencias...

La lluvia es sabia como el fervor y la inquietud,
esconde la imprecisa frontera entre la nada y nada.

Cada llovizna es pálida conciencia,
palabra que deja inerme,
silenciosamente confuso.

Soy la lluvia, la pequeña garantía de futuro,
timbre de lo que tengo y me falta;
cada instante es cálculo, prebenda,
resto de alguien que se marcha
con el corazón hecho burbujas.

Llueve y nadie sueña con la lluvia,
es decir, nadie me sueña,
nadie me confía y se aturde
en este largo oficio de ansiar un aroma,
o escribir un verso embelesado e insaciable.

Ya no vienen a mí,
que soy la lluvia, la verdad sin abrojos,

la indemnidad del sueño,
el galimatías que consuela.
La lluvia es un plagio
y por tanto soy un plagio
que trata de alcanzar algún delirio.
Como no vienen a mí, que soy la lluvia,
me voy a los laureles,
al crepúsculo disfrazado de escondite,
llovizno la esperanza y el martirio del agua
y regreso raudo a las alturas.

La lluvia es silencio augurado en los naufragios,
esbelto zafarrancho del que escapa a su guarida.

Ya no corro: caigo.

Ya me mueren: en las olas,
en las bocas sedientas e indecentes,
en cada horizonte con un soplo de prolijas
mercancías.

Ya no llueve.
Han muerto los plagiarios de la lluvia.

1er. MOVIMIENTO
LLUVIA

Chasquido del agua

Al principio era la noche,
gentil como un chasquido del agua.
Después llegaron mis versos,
canciones, asideros,
y el cansancio de recorrer la madrugada.
El tiempo era benévolo
y brotaron generosos el ron y las nostalgias.
Gozosamente, cavamos
la mesa y el domingo.

Fuiste suave como la tierra,
lenta flor que regala su fragancia.

Yo, que sé de hallazgos,
amo a la gente que habita el invierno,
pero hoy es primavera.
Cae la noche.
La oscuridad, con certeza,
hará florecer.

La urdimbre brusca de la luz

Era la urdimbre de la luz,
los lances de un nombre discreto: Inger...
Era tu juventud castaña
abatiéndose sobre los aleros,
escudriñando fulgores
en esta ciudad en penumbras,
contigua a los lúcidos sonidos que retan al tiempo.

Fueron el sexo
entre esa muchacha de otras amplitudes,
sus enigmas citadinos,
y este hombre común que habita los tejados;
pero sobre todo era la urdimbre brusca de la luz,
la urdimbre brusca de la luz, la luz...

Arbol que surca lentamente el parque

Es bueno amar a esa mujer,
su sorpresa de árbol que surca lentamente el parque.
He hallado las rutas de la más sana demencia,
la impávida historia multiplicada en el agua,
en la ventana que se asoma al laberinto,
una ventana pálida que muestra un nuevo rostro.

Es bueno añorar a esa mujer;
ella sabe que palidezco en los crepúsculos,
conoce de mi amor por la lluvia,
me hace cómplice de sus plegarias
escalando una montaña.
Ando en cada oleada de luz,
lento como una noche enamorada,
ando y desando una muchedumbre silvestre,
apasionada y terca,
inadvertido milagro que se queja.

Afuera aúllan los sedientos,
los que pisan el asfalto y lo olvidan,
los que abren el alba a sus temblores.
Yo me refugio en el salto;

te escucho como quien se fabrica la libertad,
como quien decide no regresar
y ríe de madrugada.

Es bueno amar a esa mujer
que sabe que Jesús es una inscripción
aplazada por los hombres
y aún así lo ama.

Es bueno amar a esa mujer y sus llamadas súbitas,
su sueño de arrebol delicado y prudente.

Es bueno padecer de los secretos del pan,
de las horas en que no aparece el sorbo de café,
del acechante cantar de los altares.

Es bueno amar a esa mujer
que me conoce las zozobras.

En plena tarde

Llueve,
enamoradamente lento,
como el frío cuando acepta la derrota.
Llueve en plena tarde,
el tiempo es sutil prominencia,
mágica decoración del alma.
Llueve, enamoradamente lento,
llueve en los ojos abiertos, abiertos...

Que no cede distancia

Yo me nutro de tus asombros,
muchacha que escancia los almendros
en la luz generosa de la tarde;
mis cálices son tañido,
escándalo de los colores.

En tu voz hay un lamento acompasado
que no cede distancia
y me aturde en cada tumulto vespertino.

Dormido en las dársenas
de tu cuerpo floral,
me nutro de tus humedales,
siempre de tus humedales.

Escorzo lunar

Entonces fue el rocío,
abierto en medio de las calles.
Yo cantaba la bondad de la prisa;
tú tenías la prodigalidad del tiempo.
De pronto, todo dejó de importar,
aún no éramos felices,
pero íbamos camino a ello.

Entonces fue la lluvia,
yo la descubrí rozándote las piernas,
penetrando por el escote de tu voz,
en caricia de tus rodillas de escorzo lunar.

Después fluyó la noche
y yo, hombre y mar,
rogué por un cataclismo
que te impulsara hasta mis recodos.

Hoy te adivino a cada paso,
monte que invoca la humedad,
pared del siglo XVIII,
anchura que no halla las respuestas.

Hoy, tal vez mañana,
seamos más sueño que escondite.

Agua de manantial

Llega el milagro habitual:
una mujer con cabellos de selva
que inaugura el verano en el jardín.
Oscura y libre como una estrella
divide su rosal en dos mitades ígneas:
la del corazón y la del puño.

El milagro habitual,
con cabellos de selva,
de floresta enardecida...

Llega el milagro.
Hola, agua de manantial,
gemido de flauta,
verso hecho de polen...

Llega el milagro.

Diálogo con un ángel

Eres espiga jornalera abatida por la luz.
Prendí una hoguera
con la ferocidad de quien masculla
una palabrota contra el viento.

Luego supe que esa hoguera eras tú,
clandestino mundo común, voraz,
que ese verso holgado era una señal,
escondida tras un chasquido
de madera que se consume.

No he querido oír los consejos del viento
ni los susurros de la lluvia vespertina;
te hallé en este invierno que no asoma el rostro,
en esta mañana que alza el vuelo.

El verso en que te hallo,
silencio de cristal de roca,
es dolmen con el que la libertad
aplaude el nuevo día.

En este diálogo rasante con un ángel
la respuesta me llega en cada milagro cotidiano.

Que busca una respuesta

Clamé al sesgo de la noche,
exhalé los versos de quien se cree noche en cólera.
Clamé: soy vidente,
amo con una suerte avara, lóbrega.
Exhalo, entre salto y libertad,
entre vacío y tiempo que se escurre;
oro por mis cáscaras de sol
y el linde es tu pelo,
sus ondas que se esparcen
como un ángulo en la tarde.

Clamo: la luz existe,
todo es impredecible,
la lluvia goza de inmarcesibilidad,
y cada flor es un silencio lánguido
hasta la nada.

Clamo y exhalo;
mi voz resuena como cántaro helado,
como número saludable,
como hombre que busca una respuesta.

Llovizna sobre los tejados

...vivieron nuestros labios en la desnuda intimidad de los besos.
JORGE LUIS BORGES

Paseo por tus brazos
como quien descansa en las tardes.
El pecho breve es llovizna sobre los tejados.
Eres la ciudad que contempla cómo pasan los años,
lúcidos tal carnaval de verano.
Puerta ávida por la que la luz
se hace dueña de tu pecho adolescente,
de tu vientre con olor a mariposas nocturnas,
de las piernas largas que me hablan de patria.
¡Ah!, ese pecho tuyo con yemas diminutas,
como la luz de una llama que ilumina tu espalda...
¡Ah!, tu espalda inquieta en medio de una sombra,
única en su trémulo esplendor de río
que se une mórbidamente con la mar.

Paseo por el puerto que ahora somos.
El puerto que es mi puerto.
El primero, el último de los puertos.

Que habita en mi corazón

Duerme la noche que habita en mi corazón,
duerme con un sopor largo,
de soledad que grita en plena noche.

Junto a mi corazón han sembrado
los penetrantes hallazgos del silencio,
la rumorosa idea del agua,
que no llega nunca, demorada y sutil.

En los recodos más intactos de mi corazón,
aunque suene raro, han descubierto las huellas
del fuego que deja la tristeza
cuando la noche acuna a la muerte.

Con fragancia a minerales

Ángel intuido en el techo umbrío,
destello largo, hallazgo silvestre
que adorna el jardín.

Aquí todavía florece el musgo,
mujer asustada de la hora,
mujer que ignora la belleza del pasto,
mujer que carga en sus manos
los impactos de la lluvia.

Aquí, Isis, Astarté, Afrodita,
pervive tu fragancia a minerales.

Con tus ojos azules

La ciudad es joven como la lluvia;
escala lúcidamente la mortandad del tiempo,
se estremece y muere en cada alborada.
La luz aquí es regalo, prebenda,
encantamiento al borde de la ruina.

En la ciudad aún habitan soñadores y faunos;
conviven el sabio sutil
y la escandalosa piedra,
testigo de epitafios extranjeros.

Azul

Esta ciudad es un verso triste
que se emociona con tus ojos azules.

Al fondo del liquen

Me faltan el oxígeno y el sol sin habitar.
Me falta la semilla en competencia
con el lustre de la luna,
una luz perezosa que no se distraiga
cuando llego al fondo del liquen,
adorno de tus manos en sombra.

Me faltan muchas cosas.

No soy la maravilla,
sólo puedo ser el reto y el desnudo,
el tipo en espera por los muros de otras capitales.

No soy perfecto,
me asumo como hombre que ha tocado fondo,
y anda con las manos sobre el pecho,
preguntando por la lluvia al final del sendero.

Estoy veloz, al margen
de los muros de otras capitales.

En esta hora en que olvidas escribirme

Ella brotó de un acorde parsimonioso,
de un murmullo inseparable.
Yo fui río que te añora y busca a pleno grito,
como un vientre fiel que exorciza la desnudez
y el milagro de la muerte vencida.

Fui, por ti, grano de avena, polen de tabaco,
cápsula terrestre, raíz de alarma,
atlas que ladra a la luna.
Supe que hablar
del frondoso resplandor de un beso
es tan evanescente, tan rudo y hondo
como una sangre que sonríe y se despide.

En esta hora en que olvidas escribirme,
o peor aún, me escribes
con la parquedad de una abeja atribulada,
signo estos versos airados
que se visten de hueso viejo,
mientras la lluvia clava su zarpa diáfana
en las paredes de mi corazón.

INTERMEZZO

Con las manos tras la espalda

Contra E.E.M.

Soy el mar; todavía creo en los misterios.
Tú eres la barca leve que se espanta.
Casi nunca navegan por mí barcas de ensueño,
por mí, que soy un piélago que entiende
de fracasos e incertidumbres,
de oscuridad y exilios.
Cuando a mis aguas se le antojan los efluvios
te velas con tu más feroz desencuentro
y hablas del pan y la sal
con las manos tras la espalda.

Soy el mar que bate,
barca leve que se espanta.

Más allá de la palabra patria

La libertad también es una prisión, un gesto oscuro.
CARLOS ESQUIVEL GUERRA

Libertad, ilusión verde, sedienta,
quimera que defienden los que abrazan el fuego,
libertad de labios movedizos,
multitud que pinta de espliego seco
sus resplandores en la fachada de la noche.

La libertad sangra en cada puente derribado,
en los trozos mustios de la luz
caída al pozo de la historia.
La libertad es un domingo sin manos
que hace alianza con las piedras del lunes;
es la carrera de quien no disfruta
un fragmento de paseo.

La libertad;
quimera que te despierta
empujando peñones de sal por tus mejillas
hasta más allá de la palabra patria.

2DO. MOVIMIENTO
MAR

Aliento de las naciones

El mar tiene voz de montaña,
de terciopelo madrugador e irreverente.
El mar sonríe cuando sueña la llovizna,
cuando en sus andanzas cómplices
con el viento y los rumores
logran abatir un suceso ígneo, avieso.

El mar visita los cementerios altivos
donde se arrodillan los ámbares vencedores,
los restos de brisa, las juventudes descreídas,
el inmenso, ignominioso aliento de las naciones.

El mar protege las montañas
que brotan de sus simas
(abisales, líquidas montañas),
las abraza reverente, como labios de aeroplano,
las hace dormir la siesta del metal y la sangre;
apuesta contra la sal, su más gallardo árbol
el porvenir rebelde del polvo aherrojado.

El mar cuida sus talismanes:
el tiempo, la tormenta que arrastra las cadenas,
las fronteras entre la ola que escala

y el cielo que se derrumba,
el monolito pausado del silencio.

El mar es una multitud que se alza
tras los olivos sumergidos.

El mar...

Poema circunstancial que nunca voy a publicar

Porque el amor es puente en ruta del mar,
quimera que protege el corazón,
ráfaga de brisa que ahuyenta la canícula,
versículo en medio del sollozo.

Porque tu amor es cureña de cañón,
sombra de ciprés,
juguete abandonado a orillas del pozo,
sorbo de agua en pleno mediodía,
montaña adentrándose hasta la prisa,
caricia de manantial
que promete surgir en la sequía,
mano firme sosteniendo la noche contra el cielo.

Porque eres bramido de la mar,
resplandor, escaramuza, espada, prodigio,
flor que regala sus colores,
poetisa que no halla las palabras.

Porque en ti encuentro el camino y la respuesta,
la paloma y el susurro, el sueño y la sabiduría,
mi mundo y mi simiente.

En que me desamparo

Más allá del horizonte todavía hay mar,
más allá de lo desconocido habitan las evocaciones,
la ilusión hallada al borde del trance;
una mujer que respira lentamente
tararea como quien sueña con los peces
y pone su temor sobre una canción perdida.

Más allá del horizonte sigue el mundo
y yo no sé resolver este dilema,
este espacio modesto en que me desamparo.

A favor de la zozobra

Un golpe de mar
en esta jornada con la lejanía del orbe;
a mí llegan tus plebiscitos,
aprobados por saudades lentas.

Un golpe de mar: monolito que aplaude.
Se abren las puertas al ocaso;
el agua escala de tus senos al recuerdo,
grácil muchacha que exhala
los sonidos preferidos del viento
al brotar de tu garganta.

Yo remo, desesperadamente,
en contra del fragor y la zozobra.

Lirios de montaña

Tengo la percepción de quien agrieta el mar,
oteando desde la claridad fría de mis manos
el arrepentimiento de no haber sembrado
más lirios de montaña;
esos lirios que se confunden
con la sosegada alegría
de una noche de luna llena.

Las venganzas del chopo

Ojos evaporados
de mujer que no cede su adhesión al mar;
en este lento presagio de algún rito
fenecen la luz y sus encierros,
el canto brusco con que la noche
se escapa de tus ojos,
evaporados como una colina quejumbrosa
que no sabe discursar sobre la niebla matutina
en Cuba, ¡siempre Cuba!,
y en Noruega, tu Noruega del amor...
Vienen la verdad del trigo
y las venganzas del chopo,
la magia poderosa de alguna flor celeste
abierta en tus ojos.

Como un verso

Al fondo habita tu sonrisa,
libélula, mar que surge, inmanente como un verso.

Más allá del agua en movimiento estás tú,
rosa que signa, que aja con su fiel altozano.

Más acá de ti hay un alboroto
de muchacha regalando sus orillas.

El tiempo tiende las trampas de la humedad.
Yo quisiera ser juez de tus lindes
y los puertos donde refugiarnos
de la luz y el silencio.

El mar atribulado de los lunes

No amo la dulzura del domingo,
su tranquilidad infame
que induce a retornar al parque.
En el presuroso afán de extinguirse
el sábado es multitud que arraiga,
paz augurada por las voces que dictan:
«el cansancio de la semana
se hace añicos en la doncellez del primer día».
No amo la dulzura del domingo,
prefiero el mar atribulado de los lunes.

Poema que algunos tildarán de cursi

Descubre los celos por el árbol que te acaricia,
por la bruma de las montañas en que te sumerges,
por el resquicio desnudo de la lejanía.
Soy consciente que los celos son la desazón láctea
con que puedo lastimar
a una princesa aquiescente,
a una princesa de quien ya he dicho
que es tierra de otras tierras
que viene a ser mi tierra,
pero el poeta ama a esa mujer
expandida como un treno,
o como la noche cuando difama del viento
que rompe el equilibrio de sus ondas.
En la lejanía convulsa de los astros
leo la fidelidad de las flores
con que se adorna el pecho
y digo la fidelidad de las flores
porque aún marchitas
añoran la fragancia de su pecho.
Si soy un poeta celoso, es porque mi princesa
implantó sin piedad la revuelta de las voces:
la del ocaso, la del polvo florecido, la del vino,
la de los cómplices conventos que habitan la mar.

Sé que hago mal,
que la princesa es tanta noche de verano,
tanta corriente de río, tanto continente desnudo,
que no merezco ceñir con mi vista
el volumen del planeta,
que es decir el volumen de su cuerpo.

ÚLTIMO MOVIMIENTO
EPÍLOGO DEL AGUA

Las ignotas minas de la lluvia

Amo a una muchacha que inaugura las mañanas
con una terquedad de precipicio,
esa mujer que en ocasiones
me enseña a hablar
en longitudes de onda diferentes;
su perfil de oro, sus interpelaciones lentas
y su arcaica levedad con la brújula.

Ella sabe que prefiero los vinos
más desnudos del planeta
y no puedo vivir sin la intemperie.

Amo a esa mujer de paz inmensa y egoísmo escaso,
que ha logrado encontrarme allá abajo,
en los escorzos que la nieve
sembró detrás de mis zapatos.
En mis manos hizo morder los letargos de la lluvia,
despertó capítulos insomnes
en la medialuz del parque
y cantó a flor de tierra los mensajes de su patria.

Amo a esa mujer que me enseñó
a temer después de tantos años;

que me dice: «la nada se esconde en mi pecho,
somos lo buscado en las ignotas minas de la lluvia,
estos vidrios que caminan por mis venas
son el lugar común que funciona como hallazgo.
Tengo miedo de escaparme.
Tengo miedo a ser débil».

A tanto tiempo de distancia,
evoco sus erosiones en mi bosque.

La amo, aunque suene cursi,
aunque algunos me digan que el amor no existe
y los poetas no pueden
hacer el ridículo en sus versos,
aunque no me dejen entrar en las habitaciones
donde se hace frágil la sospecha.
La amo como amo la concordia
y el arrojo vespertino,
como amo hablar de la muerte,
la diversión del prólogo inconcluso;
amo a esa muchacha con sus razones del norte,
su fe tolerante en los naufragios
y su miedo a cantarme por teléfono.

Amo a una muchacha, su color de mármol
de Carrara tallado por la lluvia.

Índice

www.ingramcontent.com/pod-product-compliance
Lightning Source LLC
LaVergne TN
LVHW050938080826
845145LV00004B/1318
9781733982009